CHRISTINE MICHAUD

Caderno de exercícios para ser
Sexy, zen e feliz

Ilustrações de Sophie Lambda
Tradução de Maria Ferreira

EDITORA VOZES

Petrópolis

© Éditions Jouvence S.A., 2014
Chemin du Guillon 20
Case1233 — Bernex
http://www.editions-jouvence.com
info@editions-jouvence.com

Tradução realizada a partir do original em francês intitulado *Petit cahier d'exercices pour être Sexy, Zen et Happy*

Direitos de publicação em língua portuguesa — Brasil: 2022, Editora Vozes Ltda.
Rua Frei Luís, 100
25689-900 Petrópolis, RJ
www.vozes.com.br
Brasil

Todos os direitos reservados. Nenhuma parte desta obra poderá ser reproduzida ou transmitida por qualquer forma e/ou quaisquer meios (eletrônico ou mecânico, incluindo fotocópia e gravação) ou arquivada em qualquer sistema ou banco de dados sem permissão escrita da editora.

CONSELHO EDITORIAL

Diretor
Gilberto Gonçalves Garcia

Editores
Aline dos Santos Carneiro
Edrian Josué Pasini
Marilac Loraine Oleniki
Welder Lancieri Marchini

Conselheiros
Francisco Morás
Ludovico Garmus
Teobaldo Heidemann
Volney J. Berkenbrock

Secretário executivo
Leonardo A.R.T. dos Santos

Projeto gráfico: Éditions Jouvence
Arte-finalização: Sheilandre Desenv. Gráfico
Revisão gráfica: Jaqueline Moreira
Capa/Ilustração: Sophie Lambda
Arte-finalização: Editora Vozes

ISBN 978-65-5713-415-3 (Brasil)
ISBN 978-2-88911-646-1 (Suíça)

Este livro foi composto e impresso pela Editora Vozes Ltda.

Dados Internacionais de Catalogação na Publicação (CIP)
(Câmara Brasileira do Livro, SP, Brasil)

Michaud, Christine
 Caderno de exercícios para ser sexy, zen e feliz / Christine Michaud ; ilustrações Sophie Lambda ; tradução Maria Ferreira. — 1. ed. — Petrópolis, RJ : Editora Vozes, 2022. — (Coleção praticando o bem-estar)

 Título original: Petit cahier d'exercices pour être Sexy, Zen et Happy

 ISBN 978-65-5713-415-3
 1. Autoaceitação 2. Autoconhecimento (Psicologia) 3. Corpo e mente 4. Felicidade 5. Serenidade I. Lambda, Sophie. II. Título III. Série.

22-96753
CDD-158

Índices para catálogo sistemático:
1. Bem-estar : Psicologia aplicada 158
Maria Alice Ferreira - Bibliotecária - CRB-8/7964

Sopra um vento de renovação...

Se tiver uma conversa sincera com amigos ou colegas, perceberá que a maioria deles se sente há algum tempo em um período de mudança. O tempo parece ter se acelerado. Nossas feridas ou zonas de sombra retornam com mais rapidez à superfície para que não nos esqueçamos de curá-las, mas, felizmente, nossa força de ação se multiplica tão rapidamente quanto. Você está sentindo essa necessidade de novidade? Gostaria de se beneficiar de um novo alento de vida? E se fosse possível vivê-lo em qualquer idade, seja qual for nosso passado? É o que propõe este caderno de exercícios para ser "sexy, zen e feliz". Não é o sonho de cada uma de nós se sentir bem em seu corpo, em paz em seu espírito e felizes (ou alegres) em seu coração? Fixando-se esse triplo objetivo, acedemos a uma elevação de consciência. Ao longo do caminho, nos tornamos o ser com-

pleto que somos chamadas a ser. É a unificação do corpo, do coração e do espírito!

Neste caderno, você encontrará exercícios para ajudá-la a realizar essa unificação e a aceder ao melhor de si mesma. Assim, você desenvolverá uma nova arte de viver e, como dizia Gandhi, "irá encarnar a mudança que deseja ser neste mundo". Você será sexy, zen e feliz!

Você está pronta para mudar?

"Se o seu desejo é que os próximos cinco anos de sua vida sejam bem melhores que os últimos cinco, será preciso fazer certas mudanças em sua existência"

Jim Rohn

Como está sua vida neste momento? Acha que ela poderia ser mais agradável? Acredita que poderia se sentir melhor com seu corpo, muito mais em paz em seu espírito e mais feliz?

Este caderno contém informações e exercícios que podem ajudá-la a encontrar (ou reencontrar...) seu equilíbrio para permitir que você viva uma existência mais rica sob todos os pontos de vista. Todavia, para provocar essa mudança benéfica, você deve aceitar fazer as coisas de forma diferente.

Já observou como nada é permanente na vida? Nada estagna, tudo está em perpétua mudança. Por que então remamos contra a maré? Por vezes nos enganamos e acreditamos que, para conservar o que temos, devemos permanecer em nossa zona de conforto e não criar muitos conflitos... E se fosse o contrário?

É aceitando questionar tudo, fazendo uma grande limpeza em suas crenças e em seus hábitos, que você dará um novo alento à sua vida. Esse renascimento é possível em qualquer idade, mas para isso é preciso querer!

Listas das coisas que estão bem em minha vida:

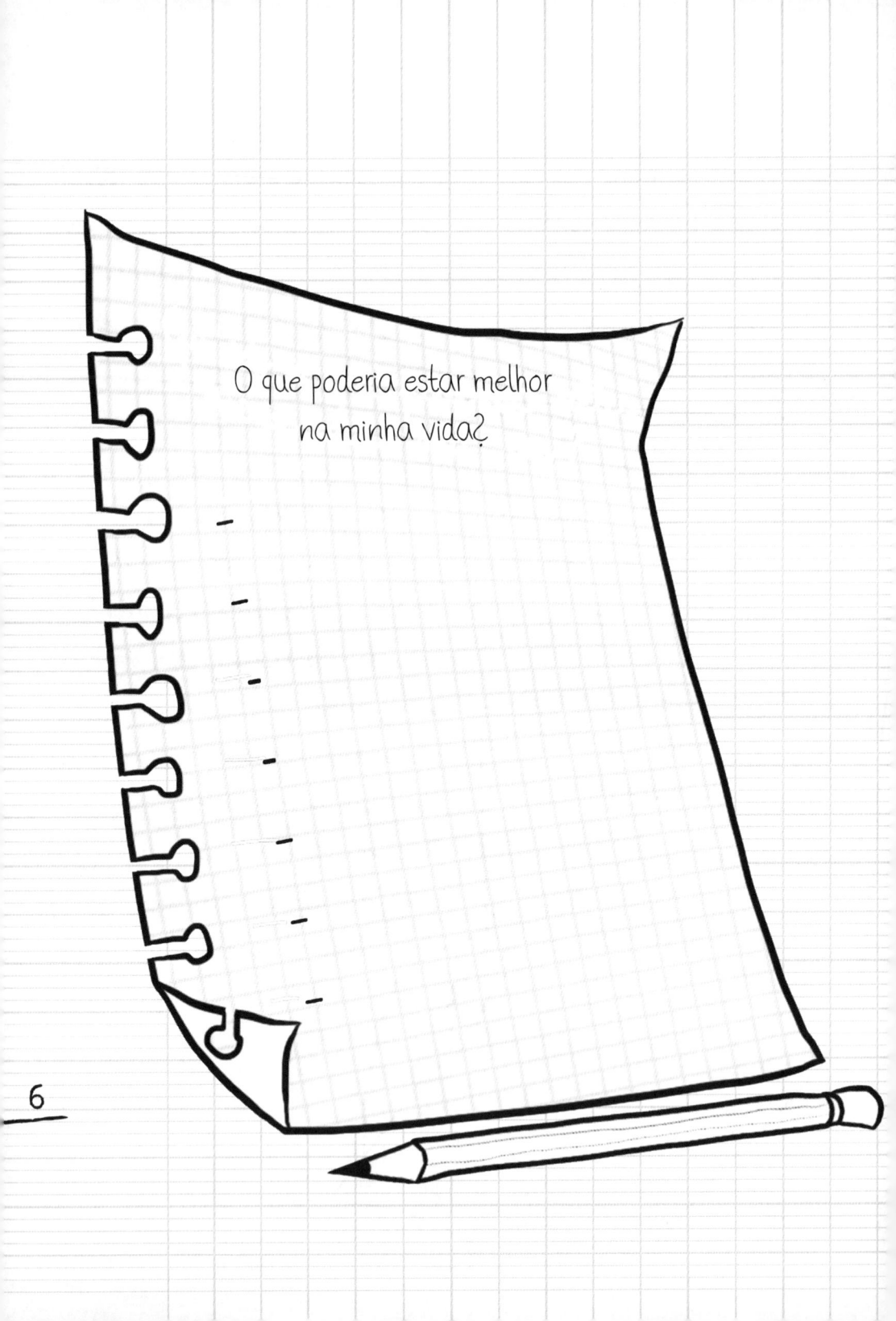

Primeiro uma intenção...

A intenção sempre precede a ação e a vida sabe ler nas entrelinhas uma vez que ela responde perfeitamente às nossas intenções, mesmo as mais secretas... Às vezes, quando temos medo de agir, a vida intervém em nosso lugar provocando as coisas... Melhor então ficar no comando e se antecipar!

> "A intenção de um homem é sua ação"
> Elizabeth Anscombe

Antes de continuar a leitura, reserve um momento para recolocar suas vibrações na potência máxima graças ao exercício abaixo. Assim, você estará certa de colher o melhor que este caderno pode lhe oferecer.

O minuto feliz

Sente-se confortavelmente em uma cadeira ou em uma poltrona e feche os olhos. Durante um minuto, pense em um evento feliz de sua vida. Não busque a perfeição ou o momento ideal, mas escolha simplesmente um instante que lhe fez bem. Ele pode ter acontecido há dez anos ou hoje mesmo. Isso não tem a mínima importância. Também não se julgue. Lembre-se que a felicidade é relativa e que você poderia tanto escolher o dia do seu casamento quanto o dia de seu divórcio. A decisão é sua!

Esse minutinho terá como efeito acalmá-la e lhe proporcionar um estado de bem-estar. E mais, ele lhe dará acesso ao melhor de si mesma.
Assim, você estará mais apta a absorver rapidamente os conceitos de sua leitura. Sentirá mais facilmente o que é bom para você.

Você sabe o que dizem? Não há acaso na vida, só encontros!

E se você tivesse um encontro com seu futuro nas páginas seguintes?

Com efeito, você poderia moldar esse futuro do seu jeito e sob medida para que ele esteja mais em harmonia com sua essência e para permitir que viva alegremente os próximos anos!

A caminho da sua versão sexy, zen e feliz!

Pinte essa frase:

«O essencial não é viver, mas viver bem»

Platão

Seja sexy!

Em primeiro lugar, você já refletiu sobre o que considera sexy em você ou em outra pessoa? Pense nas pessoas que conhece e às quais poderia dar esse qualificativo. Em que elas são diferentes? O que as destaca? Apostamos que não é a profundidade do decote nem as roupas justas!

Pelo contrário, se observar bem, sem dúvida você perceberá que geralmente trata-se de um conjunto de características. Às vezes, é a beleza do sorriso ou o fato de que parecem estar em plena posse de todos seus meios. Muitas vezes é um estado geral, um sentimento que exala da personalidade. Todavia, como tudo tem uma explicação, podemos facilmente deduzir que existem diferentes componentes que têm o poder de tornar o ser humano mais sexy.

Seja você mesma!

Primeiro, quem é você? Já se perguntou? Com certeza você é um ser formidável dotado de um imenso potencial, mas talvez acabe se esquecendo disso às vezes?

Quais são seus talentos?

Alguns cientistas provaram que qualquer talento pode ser desenvolvido. Os maiores gênios praticaram sua disciplina durante mais de 10 mil horas. Então, o que você mais praticou em sua vida até agora? É seu gênio interior que tenta emergir através dessa atividade...

E se se lembrar da parábola dos talentos na Bíblia, em que o talento era uma moeda, ficará feliz ao deduzir que seus talentos disponíveis são capazes de lhe abrir as portas da abundância.

Quais são suas paixões?

Você sabia que a palavra "paixão" vem da palavra latina PATI, que significa "suportar com dificuldade"? O que a fez sofrer a levou a encontrar soluções para sair da situação e talvez tenha resultado em uma paixão.

> Em sua vida, quais foram os momentos em que teve a impressão de viver o inferno? O que fez para sair dele?
> ....
> ....
> ....

Essa resposta dá uma pista para tomar consciência de suas paixões.

Testemunho:

Carolina viveu o inferno da depressão alguns anos atrás. Para superá-la, começou a ler uma batelada de livros sobre psicologia e sobre desenvolvimento pessoal. Hoje, a leitura dos livros que fazem bem tornou-se uma paixão para ela.

Minha carta de vida

A maioria das organizações tem uma carta ou um regulamento. Eles determinaram previamente a linha mestra de sua missão. Por que não fazer o mesmo como indivíduo?

Já é hora de refletir sobre o que é realmente importante para você. Segundo quais critérios você deseja viver? Do que precisaria para que sua vida tenha sentido? O que é primordial para você? Faça uma lista imediatamente!

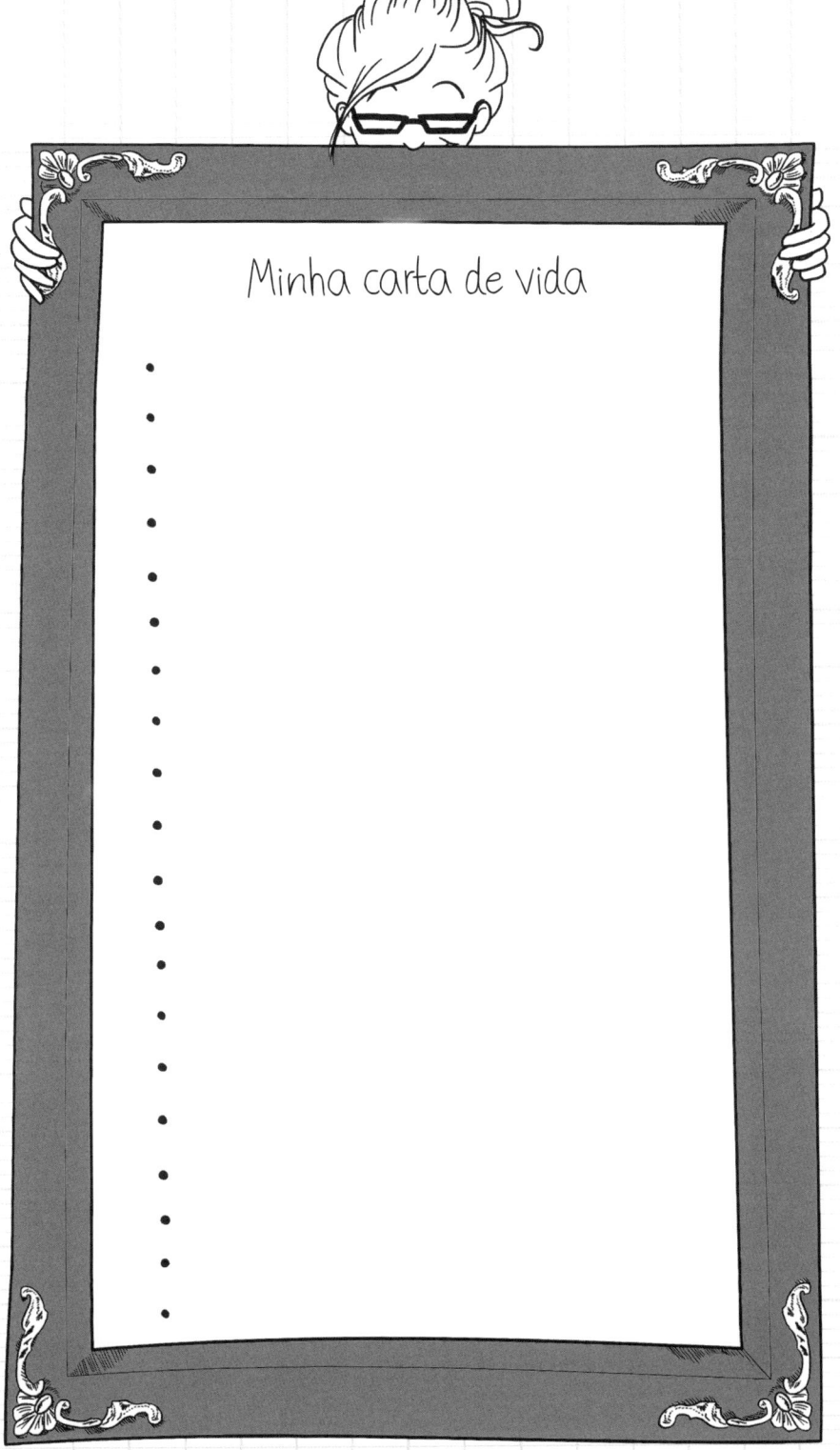

"**Conhece-te a ti mesmo**"
Sócrates

Aprender a se conhecer, mas também a assumir a maravilhosa pessoa que você é, vai lhe oferecer um imenso poder sobre sua vida. Não apenas você se tornará mais e mais poderosa e confiante, como também vai se sentir mais sexy!

Vai florescer?

Em psicologia positiva, dizemos que para ser feliz, o ser humano deve florescer. Você já olhou atentamente uma flor? Muitas vezes, é possível perceber um movimento no interior. Se olhar o coração de uma rosa, por exemplo, vai perceber uma espiral. É o ritmo da vida. Mais nos aproximamos do centro da espiral, mais o ritmo é rápido. Ao contrário, mais nos distanciamos do centro, mais manifestamos resistência e, portanto, mais nossa capacidade de ação é lenta...

Para se sentir bem consigo mesma, em paz mentalmente e feliz, assim como para manifestar mais rapidamente os desejos de seu coração, é interessante se aproximar de seu centro.

É preciso aprender a viver muito mais conectada com sua essência.

Faça a lista de tudo o que a faz "vibrar" na vida. O que permite que você se sinta viva?

-
-
-
-
-
-
-
-
-
-
-
-

As virtudes do sorriso

Para ajudá-la a criar essa conexão, eis um exercício vibrante:

> "Não saberemos jamais todo bem que um simples sorriso pode ser capaz de fazer."
> Madre Tereza

Os benefícios do sorriso já foram comprovados. Na universidade de Berkeley, na Califórnia, conseguiram até mesmo predizer o futuro dos estudantes a partir do sorriso exibido na foto de conclusão dos estudos. Mais o sorriso estava presente e era autêntico, melhores eram as chances de sucesso dos estudantes em sua vida profissional.

O sorriso é inato, mas, infelizmente, parece se abrandar conforme vamos envelhecendo. Dizem que até o feto sorri e que as crianças sorriem em média mais de 400 vezes por dia. Há uma diferença notável com o adulto que, quanto a ele, sorri em média de 5 a 20 vezes por dia... Uma vez que algumas pesquisas provaram que o sorriso diminuía o nível de estresse e a pressão arterial e aumentava nosso estado de bem-estar geral, por que não seguir o exemplo das crianças e sorrir com mais frequência? Além disso, saiba que o sorriso fará não apenas com que você pareça mais amável e simpática, mas também mais competente.

Por fim, o sorriso é um exercício que se pratica e pode ser desenvolvido. Ele pode ser o resultado de um sentimento de alegria ou de satisfação, mas também pode ser estimulado. Como Charles Darwin demonstrou, mesmo a simulação de uma emoção positiva em nosso espírito pode provocar um sorriso em nosso rosto. Da mesma forma, esforçando-se para sorrir

Das duas, quem você considera a mais sexy?

Evidente, não é? Com certeza o sorriso nos torna mais sexy e atraente!

Um toque colorido!

Testemunho:

Juliette tinha o hábito de usar cores neutras, sobretudo o preto. O dia em que começou a integrar uma gama mais vasta de cores ao seu guarda-roupa, as pessoas começaram a cumprimentá-la muito mais. Diziam que ela havia mudado, que estava mais radiante.

sem motivo, tornamo-nos mais positivos e alegres. Além disso, saiba que o sorriso é contagioso!

Para dar intensidade à sua vida, que tal dar preferência às cores em vez do branco e preto?

Quais são as cores que me atraem?

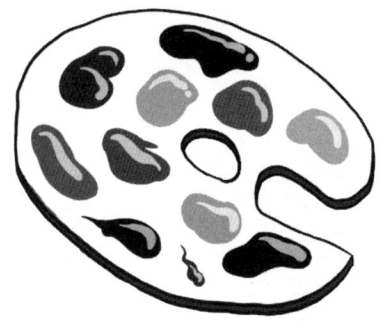

-

-

-

-

Podemos ser audaciosas e associá-las ou ainda simplesmente acrescentar um pequeno toque chamativo aqui e ali.

As cores influenciam nosso humor e podem até mesmo ter virtudes curativas em nosso corpo. A cromoterapia como também a luminoterapia permitem cuidar tanto do corpo quanto do espírito. Os cuidados vinculados aos centros de energia (chacras) são um belo exemplo disso.

Então, em vez de ver tudo em tons tristes, por que não ver a vida em um tom mais ROSA?

O corpo, templo do meu espírito

Você gosta do seu corpo? Talvez o considere gordo demais, pequeno demais, pouco musculoso ou demasiado flácido? Costumamos ser desmedidamente críticos em relação à mais bela criação que existe...

Para ser sexy, antes mesmo de efetuar uma mudança física qualquer, é importante desenvolver o amor, a gratidão e mesmo a admiração para com seu envelope carnal. Sem ele, não há vida terrestre possível.

Seu corpo é o templo de seu espírito e os dois devem trabalhar em harmonia.

Este é com certeza o exercício mais difícil deste caderno. Coloque-se nua em frente ao espelho e diga obrigada pelo formidável corpo que lhe foi dado.

- Em vez de olhar o que a desagrada, tente ver o que você aprecia. Algumas de suas características físicas provêm de sua genética. De certa forma, seus ancestrais habitam em seu corpo físico. Dê-lhes as boas-vindas e se orgulhe de representá-los dignamente.

- Depois, para tudo o que você considera como pequenas imperfeições, pergunte-se se é capaz de corrigi-las. Com um regime alimentar melhor e mais exercícios você perderá alguns quilos se este for seu desejo. Lembre-se que as mudanças não devem ser drásticas ou fonte de sofrimentos. Um pequeno passo por vez, com constância, mas sobretudo diversão, a levará para uma visão melhorada de si mesma.

Sua decisão também poderia ser a de se aceitar como é, sem mudar nada. Assim, aprenderá a amar suas "divinas imperfeições", e como tudo é questão de percepção, compreenderá cedo ou tarde que é muito difícil traçar uma linha entre o perfeito e o imperfeito.

Um perpétuo movimento

O ritmo das estações, o ciclo das marés e as transformações da natureza ao redor testemunham o perpétuo movimento do universo. Você se lembra do seu corpo de dez ou de vinte anos atrás? Como todo mundo, você mudou. Seu corpo se transformou. É o princípio da evolução. Para ser sexy (zen e também feliz!), você deve aceitar se mover com a vida.

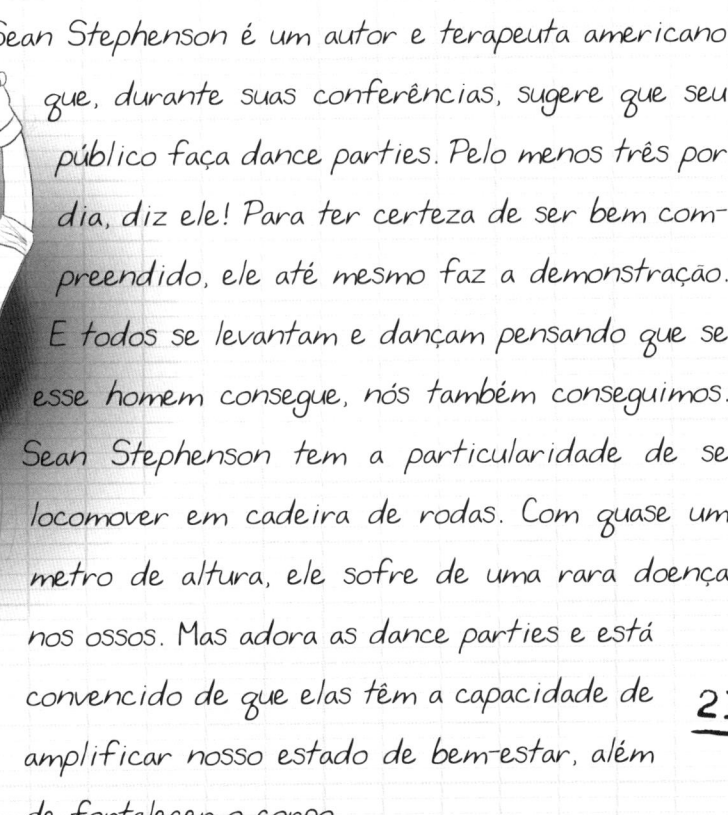

Sean Stephenson é um autor e terapeuta americano que, durante suas conferências, sugere que seu público faça dance parties. Pelo menos três por dia, diz ele! Para ter certeza de ser bem compreendido, ele até mesmo faz a demonstração. E todos se levantam e dançam pensando que se esse homem consegue, nós também conseguimos. Sean Stephenson tem a particularidade de se locomover em cadeira de rodas. Com quase um metro de altura, ele sofre de uma rara doença nos ossos. Mas adora as dance parties e está convencido de que elas têm a capacidade de amplificar nosso estado de bem-estar, além de fortalecer o corpo.

Adote a partir de hoje o ritual da *dance party*. Para se encorajar, faça compilações musicais dos trechos ritmados e envolventes que a estimulam a se mexer. Sugira o exercício durante a pausa no escritório. Quem sabe, você não acaba criando uma tendência? Ajudará todo mundo a ser mais sexy, zen e feliz!

Enumere aqui a lista das músicas que com certeza lhe dão vontade de se mexer!

Você sabe o que dizem? A chance é a ocasião que encontra a preparação. Então, aumente sua chance de ser sexy "preparando-se" para isso. Pegue os tênis de corrida e toda a parafernália necessária para integrar o exercício ao seu cotidiano. Tenha na geladeira frutas e legumes em abundância, preparados para serem beliscados a qualquer hora. Muita água e músicas prontas para serem ouvidas permitirão revigorar e embelezar o templo de seu espírito.

Seja zen...

Ser zen é encontrar a paz interior. É uma comunhão com sua parcela divina interior. Para conseguir isso, você deve aprender a silenciar e a desacelerar. Ao desenvolver a atenção voltada para si mesma e não para tudo que a cerca, você se liberta do julgamento e da crítica. Seus sentidos se afinam e sua consciência se eleva para permitir que você desfrute mais da vida.

Então, logo sentirá um estado de profundo bem-estar. Você tem a impressão de que suas necessidades são repentinamente satisfeitas. É um retorno ao essencial. Você solta as amarras em troca de uma liberdade bem maior!

Livre-se do desnecessário!

Não é só o excedente ponderal que nos deixa pesadas. Os objetos e as preocupações em excesso podem igualmente produzir um estado de letargia que nos desacelera em nossos projetos e nos impedem de ter paz de espírito. Às vezes, o fato de começar pela arrumação de nossas posses materiais nos levará depois a fazer o mesmo com tudo o que não é material.

Em seu livro intitulado As leis dinâmicas da prosperidade [Editora Novo Século, 3ª edição, 2020], Catherine Ponder sugere olhar cada objeto que se tem em casa perguntando-se: "Será que acho isso bonito ou útil?"

Se a resposta for não, você deve dá-lo, vendê-lo ou jogá-lo fora. Esse objeto é demais em sua vida e corre o risco de impedir que a energia circule livremente.

Uma caça aos tesouros...
dos quais você tem de se livrar!

Dê uma volta pela casa, lápis e papel na mão e faça a lista de todos esses objetos que você não considera nem bonitos nem úteis. Assim, terá completado a primeira etapa, a segunda sendo evidentemente se desfazer deles...

Lembre-se de que esses objetos que se tornaram inúteis ou que você não admira mais podem trazer felicidade para outra pessoa. Permita que eles realizem sua missão e sejam felizes em outro lugar!

> "Nada no universo tem o poder de trancar o espírito humano a não ser a gaiola que ele fabrica para si por meio de suas crenças." errôneas."
>
> Guy Finley

Avance um pouco mais no caminho da limpeza...

Agora que já fez a arrumação da parte exterior, vamos para a interior...

Quais são os pensamentos que você alimenta e que não servem para nada? Que muitas vezes, pelo contrário, a prejudicam? Podem ser também falsas crenças ou maus hábitos.

Por exemplo, se você sempre pensou (e até anunciou aos quatro ventos) que tinha uma saúde frágil, já não está na hora de abandonar essa crença? Você já acreditou que era azarada, que a prosperidade não era para você? Que sempre acabava caindo com o caixa mais lento do supermercado? Que era desajeitada ou não tinha nenhum talento artístico? Que era introvertida demais ou, ao contrário, que falava demais? Para acalmar seu espírito e, sobretudo, para dar lugar a novos pensamentos, crenças e hábitos positivos, primeiro tem de excluir aqueles que se tornaram obsoletos ou nefastos.

Lista de meus pensamentos, crenças e programações de que desejo me desfazer...

SOU GORDA

SOU FEIA

NUNCA VOU CONSEGUIR

NINGUÉM ME AMA

NÃO

Questionário

Você está aí?

Responda às seguintes perguntas com toda honestidade para medir o seu grau de presença.

1. **Você recebe amigos para o jantar. À mesa, enquanto os convidados conversam sobre tudo e sobre nada, você...**

★ ouve-os atentamente estando totalmente absorvida pela conversa.

● pergunta-se se gostaram do jantar, se os pratos estavam quentes o suficiente.

◆ já está pensando na sobremesa que deve ser servida logo. Tem medo de esquecer as frutas que a acompanham.

2. **No carro, indo para o escritório, você...**

★ está fascinada pela canção que está tocando no rádio. Pensa que se trata de uma bela melodia e continua admirando a paisagem dizendo a si mesma: "Que dia magnífico!"

● acaba de se maquiar perguntando-se se não esqueceu algo em casa.

◆ já está fazendo a lista das tarefas que tem de fazer ao chegar. Pensa naquele dossiê importante, naquela pessoa para telefonar etc.

3. Um domingo à tarde, quando resolveu ficar tranquila e se sentar na sua poltrona mais confortável para ler um bom livro, você...

★ sente-se tão absorvida pela história que está lendo que perde a noção do tempo. Percebe que até mesmo se esqueceu de comer!

● deve reler as mesmas frases ou parágrafos várias vezes porque se desconcentra várias vezes com pensamentos sobre o que tem de fazer. Sente surgir uma leve culpa... Não teria algo mais importante para fazer?

◆ deixa a todo momento de ler para fazer coisas não urgentes e não importantes como ver os e-mails, navegar na internet ou percorrer os diversos canais de televisão.

★ .... ● .... ◆ ....

Se respondeu «★» a mais de uma pergunta, você sempre está bem presente e sabe saborear plenamente a vida. Do contrário, não tema, você não é a única a não ter atenção. Vivemos em uma sociedade em que a rapidez e o desempenho são buscados e admirados. Nem sempre é fácil boicotar a rebelde para desacelerar essa corrida maluca. No entanto, saiba que o caminho para a paz interior é um caminho de calma, de leveza, de lentidão e de apreciação. Um belo desafio de nossos dias!

Práticas para acalmar o espírito...

Para ajudá-la a acalmar seu espírito, você provavelmente vai gostar de adotar uma ou outra das seguintes práticas.

A meditação

A meditação pode ter diferentes formas e embora não seja fácil para todas no início, você vai melhorar com a prática.

> Sente-se confortavelmente em uma almofada, em uma cadeira ou em uma poltrona. Feche os olhos ou abaixe seu olhar na direção do chão. Inspire, expire, três vezes seguidas. Depois, permaneça presente em sua respiração criando o vazio em seu espírito. Não lute contra os pensamentos que a assaltam, deixe-os simplesmente seguir seu caminho.

No início, talvez você não consiga meditar mais do que dois minutos, mas se praticar todos os dias, vai aumentar a duração do exercício sem nem mesmo perceber. Se isso puder ajudá-la, você também pode meditar ouvindo música ou repetindo um mantra.

Um mantra é uma palavra ou um conjunto de palavras que produzem vibrações particulares. Com certeza você conhece o mantra "Om" que representa o grande som primordial. Dizem que é o som original a partir do qual se criou o universo. É o som de todos os sons reunidos.

> "Mais você se acalma, mais é capaz de ouvir"
> RUMI

É interessante saber que a palavra "mantra", etimologicamente, tem sua origem em dois termos sânscritos, MAN que significa "espírito" e TRA significando "liberar". Poderíamos concluir que o mantra liberta o espírito.

Existem vários mantras que você pode facilmente encontrar na internet. Assim poderá escolher aquele mais adequado para você segundo sua significação ou o objetivo buscado. O importante é ser assídua em sua rotina de meditação. No decorrer dos dias e da prática, você sentirá seus inúmeros benefícios e terá apenas uma vontade: continuar!

A contemplação

Se considera muito difícil meditar, você pode tentar a contemplação. Basta olhar atentamente um objeto, uma flor, um animal ou tudo que é capaz de agradá-la. Observe-o

atentamente prestando atenção em cada detalhe. Em um dado momento, você terá a impressão de estar completamente imersa nessa atividade. Vai sentir até mesmo uma conexão com o sujeito contemplado. E durante esse tempo, não pensará em seus problemas!

> "Ver o mundo em um grão de areia
> Um céu em uma flor do campo,
> Reter o infinito na palma das mãos
> E a eternidade em um hora."
>
> Trecho do poema de Willian Black intitulado "Augúrios de inocência"

Exercícios do "Stop!"
Vez ou outra, pare (diga mentalmente "stop") e torne-se consciente do que está fazendo.

Observe suas sensações.

O que está vendo?

....

O que está ouvindo?

....

O que está sentindo?

....

O que está achando?

....

A presença

A contemplação a ajudará a estar mais presente no instante. E é estando assim presente que seus sentidos se afinarão e que sua intuição se desenvolverá. Para praticar como estar muito mais presente, tente a seguinte tática.

Ao parar conscientemente de tempos em tempos, vai aprender a viver mais intensamente! Vai começar a observar detalhes que não tinha o hábito de ver. Vai receber mais respostas às suas perguntas por meio de sinais ou de sincronicidades. Vai ouvir mais a si mesma, aos outros e a tudo que a cerca. Vai se sentir mais bem assentada na terra firme.

Conheça seu anjo!

Aristóteles chamava "enteléquia" essa parte criadora de nós mesmos pela qual nosso ser encontra sua perfeição. Somos um corpo físico e a enteléquia seria nosso corpo de luz. Nos Diálogos com o anjo transcritos por Gitta Mallasz [Editora Vozes, 2011], ela é chamada simplesmente de anjo.

Pouco importa o nome que lhe damos, é interessante e certamente benéfico acreditar que estamos divinamente acompanhados!

Para estabelecer a conexão com essa parte divina em você, divirta-se fazendo perguntas. Você pode carregar com você um lindo caderninho para anotar essas trocas. Assim que tiver estabelecido a comunicação, fique atenta aos sinais que ela poderia lhe enviar...

Eis 3 perguntas que vão ajudá-la a iniciar o processo de conexão e vão conduzi-la em sua reflexão:

1. Quem sou eu?

....

2. O que eu quero?

....

3. Qual é minha missão de vida? Por que estou aqui?

....

Para terminar lindamente o exercício, reserve um tempo para identificar as coisas pelas quais você sente gratidão. O reconhecimento provoca um estado de plenitude que permite que nos sintamos ricos e satisfeitos. Essa sensação é um poderoso imã para atrair o que você deseja.

Intrometer-se em sua vida

Já notou como as pessoas costumam se intrometer em sua vida? Estão sempre emitindo comentários mesmo quando ninguém os pediu. Dizem querer protegê-la... que é para o seu bem... Mas o que realmente sabem? Os medos são deles e os conselhos dados baseiam-se na maneira que têm de perceber as coisas. Somos todos diferentes e cada um sabe o que é bom (ou não) para si mesmo.

Vai perceber que quando as pessoas julgam ou criticam, estão sempre se referindo a elas mesmas. São finalmente seus próprios medos, feridas ou crenças que transparecem.

Então, para acalmar seu espírito, habitue-se a não se deixar influenciar (demais) pelos outros. Torne-se autônoma e responsável e diga a si mesma que não existe erro, somente experiências. E saiba que é por meio delas, boas ou más, que a gente evolui!

Testemunho:

Alexandra sempre sonhou em ter um cachorro. Hoje adulta e senhora de suas decisões, ela decidiu adotar um, mas pouco antes de buscá-lo, falou sobre isso com seus pais. Imediatamente, eles a desaconselharam enumerando todas as razões que, segundo eles, complicarão sua vida.

Da mesma maneira, cuide da sua própria vida. Não se intrometa na vida de seus próximos. Deixe-os fazer suas escolhas, deixe-os viver suas experiências também. Quanto mais agir assim, mais os obrigará a também fazer o mesmo.

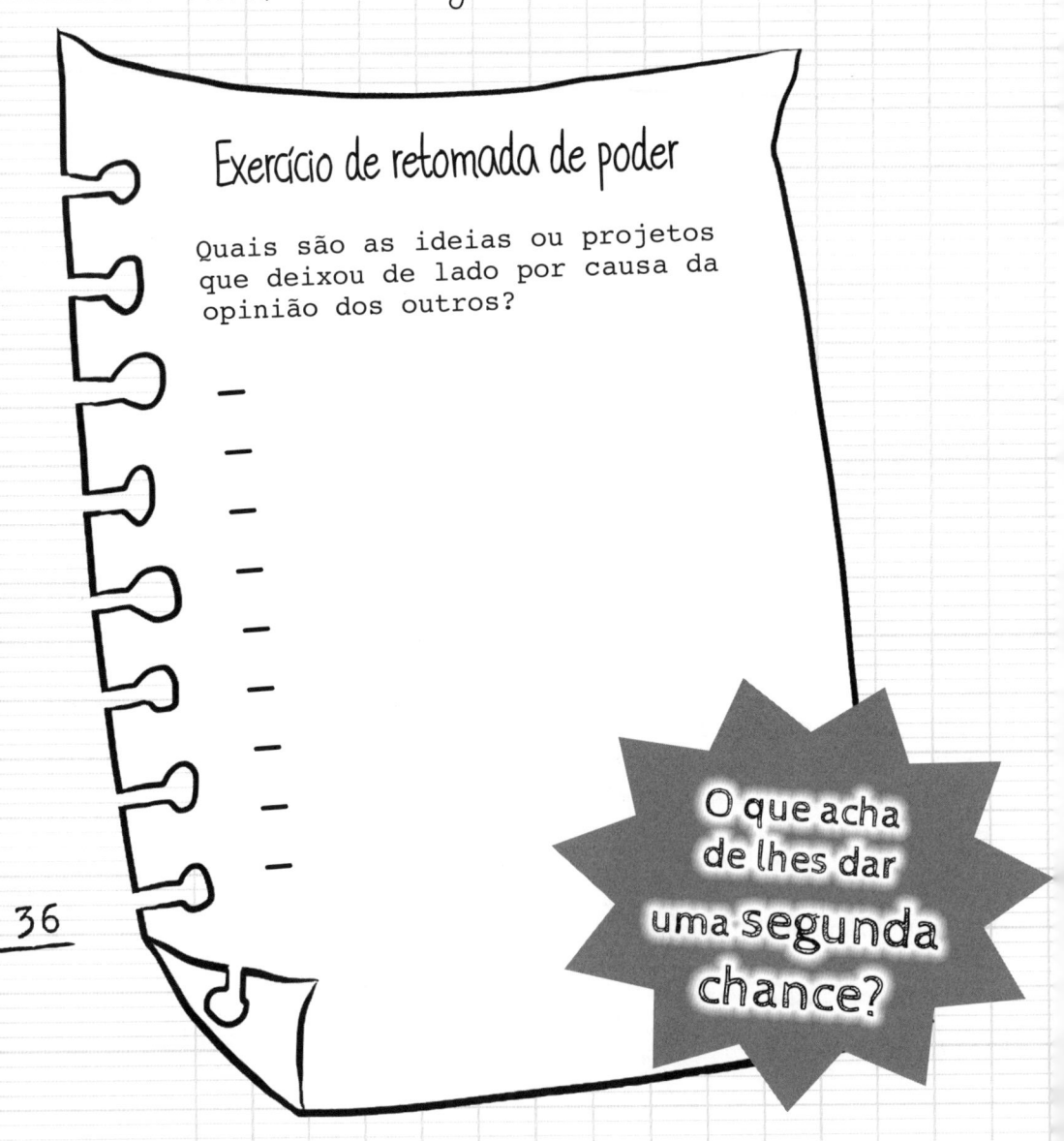

Exercício de retomada de poder

Quais são as ideias ou projetos que deixou de lado por causa da opinião dos outros?

—

—

—

—

—

O que acha de lhes dar uma segunda chance?

FIM DO ESFORÇO

BEM-VINDA

"Se está com pressa, pegue um atalho"
Provérbio chinês

Terapia do não fazer nada

Quando foi a última vez que passou um dia inteiro ou até mesmo uma hora sem fazer nada? A vida tornou-se um carrossel de atividades e de responsabilidades.

Nunca terminaremos. Como para a felicidade, o sucesso ou tudo o que procuramos na vida, é um "work in progress" como se diz em inglês. O trabalho de uma vida! O momento ou o lugar em que tudo estará completo e perfeito não existe. Pelo menos, não como imaginamos... De todo modo, o que é a perfeição? Tudo muda o tempo todo. Você não é mais aquela que era dez anos atrás. Você provavelmente não pensa mais da mesma maneira. Percebe as coisas de forma diferente. Assim, sua perfeição de hoje talvez seja a imperfeição de amanhã, ou o contrário! Então, para que correr tanto assim?

Você deveria contemplar muito mais a natureza. Já viu um animal se apressar? A corrida louca e o estresse são criações do ser humano. Para evitar o esgotamento, a depressão e tantos outros aborrecimentos, seria melhor reservar um tempo para viver!

Proponho, então, a terapia do não fazer nada. Nada menos! Preveja em sua agenda se for necessário, mas se dê logo um ou vários dias para não fazer nada. E, às vezes, se não pode absolutamente tirar um dia todo, ofereça-se pelo menos uma ou duas horas de ócio.

Escreva aqui, bem grande, a data de sua próxima terapia do não fazer nada:

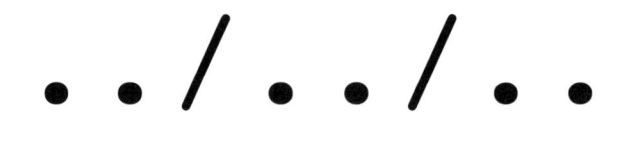

. . / . . / . .

Não se esqueça de também anotá-la na sua agenda!

Que será, será!

Você já observou como temos o costume de viver duas vidas ao mesmo tempo?

> "Que será, será
> O amanhã é sempre incerto
> Deixemos o futuro chegar
> Que será, será
> What will be, will be"
>
> Trecho da canção
> Intitulada "Que será, será"
> Popularizada por Doris Day

Existe a vida real com seu quinhão de eventos, de encontros e de situações para administrar. Depois, existe a vida que acontece em nossa cabeça, sendo esta a mais angustiante na maioria das vezes... Com muita frequência, existe o que acontece e o que apreendemos ou supomos mentalmente. De tanto criar cenários em nossa mente e de virar do avesso as situações, acabamos não sabendo mais fazer a diferença entre o que é real e o que não é.

Às vezes, pode ser útil imaginar a personagem da juizinha que pergunta "É verdade?" Isso permite recolocar as coisas em perspectiva e desdramatizar as situações.

Se está pronta para avançar ainda mais no caminho do desapego, habitue-se a frear seus pensamentos angustiantes lembrando-se que, de todo modo, o que deve acontecer, acontecerá! "O que será, será", como diz a canção! Essa tática pede a aceitação de não ter o controle.

Você vai sentir uma libertação e um imenso alívio por conseguir soltar o lastro. É claro, tudo depende de onde você está partindo... se sempre foi muito controladora, talvez veja isso como um enorme desafio! Mas esteja certa de que com isso vai ganhar em quietude e de que vai experimentar uma grande paz interior por viver dessa forma.

Ao examinar o caso de Berenice, é fácil constatar que, enquanto está angustiada assim, ela não se encontra no melhor estado de espírito para cuidar bem do seu cachorro. E ainda pior, talvez o gato sinta suas vibrações e reaja a elas dando-lhe razão. A gente acha o que procura... Abandonemos então os pensamentos negativos e angustiantes e aprendamos a viver o dia a dia no amor e na paz de espírito!

"Não procure fazer com que os eventos aconteçam como você quer, mas queira os eventos como eles acontecem, e o curso de sua vida será feliz"

Epiteto

Testemunho:

Berenice adotou um cachorro em um abrigo. Ele foi encontrado em um estado lastimável. Ela fez o melhor que pôde para cuidar dele, mas costuma sempre pensar o pior. Pergunta-se se ele vai ficar completamente curado de suas feridas, se ela vai conseguir adestrá-lo corretamente, se ele vai se entender com o gato que já fazia parte da família.

Minha playlist para acalmar meu espírito

Quando o estresse aumenta ou as preocupações se acumulam, é melhor estar preparada para neutralizar rapidamente a situação a fim de melhorá-la. Um truque simples e eficaz consiste em ter sua própria playlist de música zen.

Enumere aqui a lista das canções que a acalmam!

SUA PLAYLIST

Seja feliz!

O que é a felicidade? Encontraremos tantas definições quanto seres humanos, cada um tendo sua própria concepção daquilo que é capaz de torná-lo feliz.

O dicionário francês Le Petit Robert define a felicidade primeiramente como uma "chance", depois fala de um "estado da consciência plenamente satisfeita". Será que a felicidade estaria ligada a um estado de contentamento? Em parte, talvez, se a gente se referir ao fato de se sentir bem apreciando o que temos. Todavia, trata-se aqui bem mais de um estado de alegria que escolhemos ou que provocamos com certos pensamentos, ações ou hábitos.

E como tudo é interdependente, saiba que sendo feliz, você será automaticamente mais zen e sexy. Nada mal como efeitos secundários da felicidade, não é?

Os componentes da felicidade

Segundo Sonja Lyubomirsky, três fatores influenciam nosso nível de felicidade crônico. Primeiro, 50% de nossa felicidade está ligada à nossa genética. Se viemos de uma família de rabugentos, de pessimistas ou de críticos, isso faz parte de nós, mas cuidado, só a metade!

O que influencia minha felicidade?

- 10% circunstâncias
- 40% atividades voluntárias
- 50% tendências genéticas

Dez por cento de nossa felicidade está ligada às nossas circunstâncias de vida. O que demonstra que o lugar em que vivemos, o emprego que ocupamos ou o salário que ganhamos não garantem nossa felicidade!

Por fim, a boa notícia é que 40% de nossa felicidade está ligada às nossas ações. O que você vai fazer para se sentir bem? Aí reside seu maior poder!

As ações realizadas no dia a dia para permitir que você seja feliz virão facilmente neutralizar sua genética. Isso confirma que pouco importa de onde você vem e pouco importa o que viveu antes, você sempre tem a possibilidade de ser feliz.

E você, quais são as atividades que fazem com que se sinta bem? Podem ser atividades esportivas, artísticas ou outras. Anote-as aqui para se lembrar de integrá-las à sua rotina de felicidade!

Minha lista de atividades que me fazem bem:

—

—

—

—

—

SETEMBRO 2014
Começar minha rotina de felicidade!

Testemunho:

Elisa sempre sentiu uma tristeza interior. Quando observa sua família, ela constata que as relações sempre foram tensas como se houvesse um peso sobre eles... Hoje, adulta e senhora de sua felicidade, ela sabe que tanto as artes quanto a caminhada na natureza lhe fazem muito bem. Então, para neutralizar essa parte genética um tanto triste, ela procura caminhar regularmente e ter sempre um projeto artístico em andamento. Assim, sente-se bem e em harmonia consigo mesma. Não é mais vítima de sua genética.

Rituais de felicidade

Existe uma panóplia de pequenos rituais que você poderia adotar para cultivar sua felicidade. Quer se trate de coletar moedinhas encontradas no chão acreditando que elas anunciam uma entrada de dinheiro imprevista ou de observar as luzes da rua que se apagam pensando que se trata de uma piscadela de seu anjo, todas as ideias são boas desde que sejam benéficas para você!

Os colombianos e os espanhóis são particularmente imaginativos quando se trata de rituais de felicidade ou de sorte. Por exemplo, no dia 31 de dezembro, eles estabelecem seus objetivos anuais enquanto comem uvas!

Ritual dos doze bagos de uva

No dia 31 de dezembro (ou em outra data que você escolher), separe doze uvas e pegue uma folha de papel e um lápis. Para cada mês do ano, pense no que você gostaria que acontecesse. Anote na folha. Depois, para cada um dos doze meses, coma uma uva relendo atentamente o que você escreveu e sentindo de maneira antecipada as emoções ligadas à realização de cada um de seus desejos. Imagine seus sonhos mensais como se já estivessem realizados. Para ser ainda mais prazeroso, realize esse ritual em família ou em grupo!

¡Feliz año nuevo!

A calcinha vermelha...

Impossível evocar o ritual colombiano sem mencionar este da calcinha vermelha... Se você deseja encontrar o amor no decorrer do próximo ano, esteja certa de usar uma calcinha vermelha na noite de 31 de dezembro. Será seu segredinho, e um apoio divertido para atrair o príncipe encantado!

Que você encontre suas ideias pelo mundo ou que invente os seus próprios rituais, o importante é criar mecanismos para se lembrar de ser feliz!

A "wish list"

Ser plena e realizar o que nos aquece o coração provocam um sentimento de felicidade e dão um sentido à nossa existência. Por outro lado, às vezes costumamos aumentar a dose de estresse fixando-nos objetivos precisos demais e, sobretudo, apegando-nos demais aos resultados. É bom saber o que a gente quer, porém é ainda mais benéfico desapegar da maneira como nossos sonhos se realizarão. Às vezes, não enxergamos um palmo adiante! Deixemos à vida a possibilidade de nos surpreender e, geralmente, ela nos oferecerá muito mais do que nem sequer ousaríamos esperar.

Para identificar os desejos de seu coração, faça sua "wish list", isto é, a lista de todos os seus desejos, mas concentrando-se muito mais no que você deseja sentir. Por exemplo, se você acha que deseja ter mais dinheiro, identifique o que isso trará como efeitos benéficos. Muitas vezes, não é o dinheiro que você está buscando, e sim o sentimento de liberdade, de autonomia e de potência que o fato de tê-lo oferece.

Para inspirá-la, eis o que Céline anotou em sua "wish list":

- Paz interior
- Tempo para relaxar, meditar, estar em silêncio
- Festejar com os amigos
- Humor, rir, divertir-me
- Aprender, descobrir pérolas de sabedoria para abrir minha consciência e manifestar minha vida de sonho
- Amigos inspiradores
- Alimentação saudável, variada, saúde, colorida!
- Conexão com meu espírito, canalização de ideias inspiradoras
- Dar e receber presentes, belas surpresas da vida
- Relação amorosa nutritiva, harmoniosa, vivificante
- Flores
- Música
- Vitalidade
- Beleza ao meu redor
- Espiritualidade
- Contribuir, servir para a paz e o amor
- Animais
- Liberdade
- Momentos de sincronicidade
- Livros
- Natureza
- Graça

Com certeza você percebeu que não há nada de muito preciso, mas que seus desejos se situam muito mais no que é sentido. E observe também que a ordem não tem importância. Faça o exercício como ele vem. Não hesite em anotar tudo o que se passa na sua cabeça (ou no coração!), você vai organizar suas ideias em seguida. É importante deixar o processo correr solto

"O desejo é Deus que bate à porta de seu espírito, procurando lhe oferecer um bem supremo"
Dra. Émilie Cady

e não bloquear o que quer sair, mesmo se isso lhe parece inapropriado ou fútil.

Lembre-se que na intenção já existe o germe de sua realização. Basta não interferir no processo e simplesmente se deixar guiar pelo seu coração e pela sua imaginação.

Minha "wish list"

—
—
—
—
—
—
—
—

Agora é sua vez!

Esperando a dádiva

Quando lhe perguntavam por que ela era tão sortuda e paparicada pela vida, Margaret Mead, a renomada antropóloga, respondia: "Porque é isso o que eu espero!"

O que você espera em geral? Você é daquelas que confiam e veem o lado bom das pessoas e dos eventos mesmo esperando que as coisas se passem bem ou talvez daquelas que sempre imaginam o pior em primeiro lugar?

Vocês são a cocriadoras da própria realidade. Detêm um imenso poder sobre a vida, o de influenciá-la positivamente (ou negativamente). Têm consciência disso? E como utilizam esse poder? A favor ou não?

Aquelas que alimentam angústias e medos tendem a atrair precisamente aquilo que vibra no mesmo nível que as emoções estimuladas por esses pensamentos. Elas se qualificarão de azaradas ou de vítimas da vida. Nada jamais será suficiente para elas. Quando está frio, lamentam-se dos inconvenientes da temperatura e quando está quente, elas também encontram razões para criticar. Sempre está frio demais ou quente demais, etc.

Ao contrário, aquelas que costumam ver o copo meio cheio e não meio vazio, aquelas que apreciam o que já têm e vivem na alegre e positiva expectativa do que lhes poderia acontecer de maravilhoso colhem o fruto de seus pensamentos. Essas veem beleza em tudo. Sabem se maravilhar e sentem reconhecimento. Tudo parte de si, não nos esqueçamos disso! É o princípio da lei da atração (ver Caderno de exercícios para atrair felicidade e sucesso, Editora Vozes).

O que você gostaria que lhe acontecesse? Divirta-se lançando sortilégios positivos no dia a dia. Imagine-se a feiticeira boa no Mágico de Oz e arranje as coisas para melhor!

Durante o caminho, você não vai mais se surpreender com as maravilhosas sincronicidades da vida, com os encontros mágicos e com a facilidade e também com a simplicidade com as quais você atingirá seus objetivos. Não ficará mais surpresa porque compreendeu que VOCÊ é o mestre de obra de sua vida. Como Margaret Mead, você será aquela que todos vão chamar de paparicada e sortuda!

Exercício para aprender a atrair a dádiva

Nos próximos dias e nas próximas semanas, pratique ver e admirar a dádiva em ação ao seu redor. Veja como a magia opera na vida das pessoas que a cercam. Não as inveje, admire-as! Quem sabe até mesmo perceba três provas de dádiva por dia. Seja mentalmente ou em um lindo caderninho, o importante é tomar consciência disso. Quanto mais a vir, mais a atrairá para a sua vida também!

Os arquétipos

Em psicologia analítica, o psiquiatra suíço Carl Gustav Jung apresenta o conceito de arquétipo como um processo de representação de um modelo a alcançar.

> "O modelo é um si idealizado"
> Édouard Baer

De maneira simplificada, você poderia se inspirar nessa ideia para identificar seus modelos de vida em geral ou para um objetivo mais preciso.

Quem são as pessoas que você admira?
....

Com quem você gostaria de se parecer?
....

Talvez busque desenvolver mais coragem ou audácia em sua vida. Quem seria um bom modelo nesse sentido? (Poderia ser um personagem conhecido ou alguém de seu círculo).
Por exemplo, se deseja aumentar sua compaixão, poderia escolher Madre Tereza como arquétipo para acompanhá-la. É simbólico, claro, mas o fato de pensar nesses personagens que já possuem as forças e as qualidades que gostaria de desenvolver permite que você também as manifeste em sua vida.

....

Se você acabou de lançar um projeto de negócios, talvez queira ser acompanhada virtualmente pelo arquétipo de Bernard Arnault (empresário francês proprietário do grupo LVMH [Moët Hennessy Louis Vuitton SE]), Guy Laliberté (empresário quebequense, fundador do Cirque du Soleil) ou Lise Watier (criadora de uma importante marca canadense de cosméticos).

Para testar o conceito, identifique aqui 3 situações em que você precisaria de ajuda ou de acompanhamento. Para cada uma dessas situações, pergunte-se quem já domina perfeitamente esse tipo de situação. Quem conseguiria melhorá-la, por exemplo?
Para completar o exercício, divirta-se imaginando quais ações o arquétipo escolhido poderia propor para melhorar a situação.

....
....
....
....
....
....
....
....
....
....
....
....

O poder da bondade

Você se lembra da última vez que prestou um serviço ou que agradou alguém... O que você sentiu? Os atos de gentileza e de bondade são com certeza fontes de felicidade!

"Não nos tornamos bons tentando ser bons, mas encontrando a bondade que já existe em nós."
Eckhart Tolle

Para estar pronta para praticá-los com a maior frequência possível, complete a lista de pequenos atos de bondade que podem ser efetuados.

Algumas ideias de atos de bondade:

- Enviar uma carta com uma palavra gentil pelo correio, sem motivo, só para testemunhar seu reconhecimento ou sua afeição.
- Cozinhar um prato saboroso e oferecê-lo a uma amiga.
- Visitar pessoas sozinhas em um hospital ou lar de idosos.
-
-
-
-
-
-

Como defende a famosa Oprah Winfrey, o importante na vida é servir. Os atos de bondade nos permitem contribuir para a obra coletiva da paz e da felicidade na Terra.

Para cultivar a bondade, você está convidada a descobrir a comunidade das Bontés Divines. Atualmente, formam-se em toda parte grupos de pessoas tendo como objetivo "ver o belo, apreciar o bom e fazer o bem". Você poderia se juntar a um grupo existente ou criar um novo em seu bairro (www.bontes-divines.ca)

Colecionar os provérbios e as citações positivas

Tantas coisas belas e boas foram ditas ou escritas que, de certo modo, vale a pena celebrá-las escrevendo-as e colocando-as bem à vista para nos inspirar positivamente.

Para se lembrar de estar bem e feliz, o que diria de começar uma nova coleção, a dos provérbios e citações? E para ir um pouco além no exercício, você poderia acrescentar sua interpretação ou o que explica sua atração por esse provérbio ou por essa citação em particular.

Eis alguns exemplos de provérbios para ajudá-la a se lançar. Ao longo das páginas deste caderno você encontra outros exemplos de citações.

> "Quanto menos necessidades, mais liberdade"
>
> Provérbio francês.

Não é o fato de possuir que nos pesa, mas talvez o poder que os objetos têm sobre nós. Podemos desfrutar dos prazeres da vida mesmo sabendo que não precisamos de tudo isso. Esses objetos, circunstâncias etc. não são necessários à nossa felicidade. Isso se junta à noção de contentamento. Não tendo ou tendo poucas necessidades ou obrigações, vivemos mais levemente, mais livremente e alegremente!

> "A infelicidade pode ser uma ponte para a felicidade."
>
> Provérbio japonês

As aparências às vezes enganam! O que nos parece a pior das coisas, muitas vezes abre a porta para algo melhor. Por outro lado, é preciso aceitar atravessar a ponte, não permanecer imóvel e paralisada no medo, e sim aprender a dançar com os acasos da vida.

> "Feliz é aquele que esquece o que não pode mais ser mudado."
>
> Provérbio alemão

Faríamos bem em desenvolver um novo hábito, o do esquecimento. Dessa forma, ficaríamos continuamente maravilhados e nosso fardo de experiências negativas ou de lembranças dolorosas seria menos pesado de carregar.

> "Aquele que me engana uma vez, a vergonha é dele; Aquele que me engana duas vezes, a vergonha é minha."
>
> Provérbio inglês

Este provérbio nos lembra de assumir nossas responsabilidades e de sair do ciclo de vítima. A primeira vez, temos direito ao benefício da dúvida, mas a segunda vez nos exorta a resolver o problema e, principalmente, a permanecer em nosso pleno poder.

> "A felicidade vem da atenção dada às pequenas coisas, e a infelicidade, da negligência das pequenas coisas."
>
> Provérbio chinês

Que felicidade ficar maravilhado com o infinitamente pequeno! Quanta sabedoria não negligenciar essas pequenas coisas que muitas vezes fazem uma grande diferença...

Minha happy playlist

Mais uma vez, seja precavida e crie uma lista de músicas que certamente a deixarão de bom humor. Quais são essas músicas que a fazem cantar ou assobiar com alegria?

Aqui estão alguns exemplos:

Don't worry, be happy de Bobby McFerrin
La fête de Michel Fugain e Big Bazar
La ballade des gens heureux de Gérard Lenorman

**Agora cabe a você
completar a lista...**

SUA PLAYLIST

O momento champanhe

É nosso dever e responsabilidade sermos felizes e saudáveis. Caso contrário, é porque existe um "desalinhamento". Para salvar o mundo ou simplesmente torná-lo melhor, devemos nos cuidar. Assim, ajudamos o universo a permanecer em harmonia.

> "Não é o champanhe que alegra o doente, mas o sentido da festa que esta bebida contém."
> Bernard Montaud

Você já é sexy, zen e feliz. Sempre foi, mas talvez tenha simplesmente se esquecido disso... Há uma infinidade de ações e de ideias criativas para estar bem em seu corpo, o espírito em paz e feliz em seu coração. Você sabe o que é bom para você. O importante é primeiramente ter essa intenção de desenvolver a melhor versão de si mesma e ativar seu potencial.

Para celebrar a leitura deste caderno e assumir o compromisso solene de sempre permanecer sexy, zen e feliz, por que não organizar uma festinha com algumas amigas? Divirtam-se fazendo alguns dos exercícios juntas ou compartilhando sua visão sobre o conceito.

Erga sua taça de champanhe (ou o que seja!) a esse renascimento que você é capaz de se oferecer a todo momento. Conserve a lembrança desse momento bem firme em seu coração para se lembrar do quão você é linda, poderosa e maravilhosa! De vez em quando, caso duvide de si mesma ou de suas habilidades, pense naquele "momento champanhe", aquele momento abençoado e festivo em que você percebeu o quão sexy, zen e feliz você estava ou pelo menos que você sempre teve a possibilidade de se tornar assim.

Seja abençoada e feliz!
Seja sexy, zen e feliz!

Coleção Praticando o Bem-estar
Selecione sua próxima leitura

- ☐ Caderno de exercícios para aprender a ser feliz
- ☐ Caderno de exercícios para saber desapegar-se
- ☐ Caderno de exercícios para aumentar a autoestima
- ☐ Caderno de exercícios para superar as crises
- ☐ Caderno de exercícios para descobrir os seus talentos ocultos
- ☐ Caderno de exercícios de meditação no cotidiano
- ☐ Caderno de exercícios para ficar zen em um mundo agitado
- ☐ Caderno de exercícios de inteligência emocional
- ☐ Caderno de exercícios para cuidar de si mesmo
- ☐ Caderno de exercícios para cultivar a alegria de viver no cotidiano
- ☐ Caderno de exercícios e dicas para fazer amigos e ampliar suas relações
- ☐ Caderno de exercícios para desacelerar quando tudo vai rápido demais
- ☐ Caderno de exercícios para aprender a amar-se, amar e - por que não? - ser amad(a)
- ☐ Caderno de exercícios para ousar realizar seus sonhos
- ☐ Caderno de exercícios para saber maravilhar-se
- ☐ Caderno de exercícios para ver tudo cor-de-rosa
- ☐ Caderno de exercícios para se afirmar e - enfim - ousar dizer não
- ☐ Caderno de exercícios para viver sua raiva de forma positiva
- ☐ Caderno de exercícios para se desvencilhar de tudo o que é inútil
- ☐ Caderno de exercícios de simplicidade feliz
- ☐ Caderno de exercícios para viver livre e parar de se culpar
- ☐ Caderno de exercícios dos fabulosos poderes da generosidade
- ☐ Caderno de exercícios para aceitar seu próprio corpo
- ☐ Caderno de exercícios de gratidão
- ☐ Caderno de exercícios para evoluir graças às pessoas difíceis
- ☐ Caderno de exercícios de atenção plena
- ☐ Caderno de exercícios para fazer casais felizes
- ☐ Caderno de exercícios para aliviar as feridas do coração
- ☐ Caderno de exercícios de comunicação não verbal
- ☐ Caderno de exercícios para se organizar melhor e viver sem estresse
- ☐ Caderno de exercícios de eficácia pessoal
- ☐ Caderno de exercícios para ousar mudar a sua vida
- ☐ Caderno de exercícios para praticar a lei da atração
- ☐ Caderno de exercícios para gestão de conflitos
- ☐ Caderno de exercícios do perdão segundo o Ho'oponopono
- ☐ Caderno de exercícios para atrair felicidade e sucesso
- ☐ Caderno de exercícios de Psicologia Positiva
- ☐ Caderno de exercícios de Comunicação Não Violenta
- ☐ Caderno de exercícios para se libertar de seus medos
- ☐ Caderno de exercícios de gentileza
- ☐ Caderno de exercícios de Comunicação Não Violenta com as crianças
- ☐ Caderno de exercícios de espiritualidade simples como uma xícara de chá
- ☐ Caderno de exercícios para praticar o ho'oponopono
- ☐ Caderno de exercícios para convencer facilmente em qualquer situação
- ☐ Caderno de exercícios de arteterapia
- ☐ Caderno de exercícios para se libertar das relações tóxicas
- ☐ Caderno de exercícios para se proteger do Burnout graças à Comunicação Não Violenta
- ☐ Caderno de exercícios de escuta profunda de si
- ☐ Caderno de exercícios para desenvolver uma mentalidade de ganhador
- ☐ Caderno de exercícios para ser sexy, zen e feliz
- ☐ Caderno de exercícios para identificar as feridas do coração
- ☐ Caderno de exercícios de hipnose

Conecte-se conosco:

facebook.com/editoravozes

@editoravozes

@editora_vozes

youtube.com/editoravozes

+55 24 2233-9033

www.vozes.com.br

Conheça nossas lojas:

www.livrariavozes.com.br

Belo Horizonte – Brasília – Campinas – Cuiabá – Curitiba
Fortaleza – Juiz de Fora – Petrópolis – Recife – São Paulo

EDITORA VOZES

VOZES NOBILIS

Vozes de Bolso

Vozes Acadêmica

EDITORA VOZES LTDA.
Rua Frei Luís, 100 – Centro – Cep 25689-900 – Petrópolis, RJ
Tel.: (24) 2233-9000 – E-mail: vendas@vozes.com.br